불타는 노을 속으로
달려가는 심장

이상하 시집

 뜨락에

이상하 시인

여주 출생
단국대 정외과 졸업
한국가을문학 신인상
여주문인협회 회원
시섬학당 회원
여강문학회 회원

습작의 자유는 끝나는 걸까

더 누려도 되지 않을까

아직 비우지 못한 항아리와 같아서.

2025년 10월
이상하

차 례

1부
여강의 노래

2부
허들

1부
여강의 노래

여강의 노래

터미널 지날 때마다 몸서리가 난다
강변주차장에 내릴 때는 투명한 칼날에 베인다
그대가 떠나고 없는 여주는 추억의 지뢰밭이어서
조심하지 않으면 자꾸만 터진다

추어탕집을 지나며 어금니를 물지만
뼈마디 사이 깊은 비명을 듣는다
하 많은 이별의 눈물
신륵사에 탑을 쌓을 수도 있겠다

노을 속으로 일어서는 탑
오늘도 영월루에서 방울방울 눈물을 모은다
지뢰가 하나씩 제거되는 분계선에
헤어진 오누이가 부둥켜안고
철길도 새로 이어지고 있다는데
언제까지 나는 노루의 발목처럼 조심조심 걸어야 하나

남한강출렁다리 강물을 가로질러 놓이고 있는데
저 다리 위 견우와 직녀는 만나서
신륵사 지붕마루 새벽 해를 안을 수 있을까

연인의 웃음이 숨어버린 물안개
나 홀로 여강驪江의 뱃머리에서
아린 사랑의 노래를 부른다.

수목원에서

꽃이 보고 싶어 들어선 황학산 수목원
매롱지를 지나 춘분春分의 계곡을 걸어도
꽃은 보이지 않아 물어물어 찾은 꽃자리
눈더미와 돌 틈 사이 복수초 꽃은 다 지고
틀렸구나 낙심할 즈음

마지막 한 송이 눈물 젖은 샛노란 얼굴
꽃자매 모두 떠난 계곡에서 홀로 하루 또 하루
기다리던 그 마음 지그시 가슴에 담고
비탈진 계곡을 내려오던 찰나

산을 지우고 하늘마저 지우고
온 계곡을 파묻는 눈발
사방을 둘러보아도
나 천지간에 갇혀버렸네

세상 홀로 선 외로움은 수만 년의 유전
다만 지금은 살아있음으로
가버린 사랑은 발자국처럼 지우고
아직 오지 않은 사랑만이 아득한 수목원

오늘은 우주정거장에 갇힌 수니와 부치가
드래건*을 타고 지구로 귀환한 것처럼 사랑은
우주의 어둠을 뚫고 기다림을 향해 날아오는 구조선

샛노란 꽃마음이 설원을 유유히 빠져나오고 있었네.

*드래건 : 2025년 스페이스x가 쏘아올린 우주선. 2024년 일주일 예정
으로 올린 스타라이너가 고장을 일으켜 부치 윌모어와 수니
윌리엄스가 우주정거장에서 귀환할 수 없게 되었다. 러시아 도
움 없이는 우주비행사의 귀환조차 못 시킨다는 조롱을 받았지
만 일론 머스크의 스페이스X의 도움을 받아 드래건을 쏘아 올
렸고 2025년 3월 18일 두 우주비행사를 태우고 아홉 달만에
플로리다로 성공적으로 귀환하였다.

청령포를 돌아온 강물

영월루 아래 마암馬巖에서
눈물 뚝뚝 흘리는 사람 있었지

이 눈물 쉽사리 끝나지 않을 것을
아끼던 사람이 섰던 영월루
그 자리 처음 서던 날
마암 아래 흐르는 강물을 보며 알았네

내게로 흘러오던 강물이
청령포를 돌아
노산대 바위를 휘돌아 예까지 흘러왔구나

그랬던 거야

애틋한 사람 더는 볼 수 없는
한양으로 가는 강물
하염없이 바라보던 사람

영월루 아래 마암에서
강물로 떨어지는 눈물 오래 서서 보았네.

저 노을이 모두 노래가 되면

수수밭이었다
밭둑 포대기 안에서 잠을 깬 나는
바람결 따라 흔들리는 수숫잎 그림자를 쫓으며
먼 뒤로 저녁노을의 빛깔을 바라보고 있었다

엄마의 목소리가 들려왔다
엄마를 부르는 소리는 울음뿐인데

울어도 오지 않는 엄마

서걱대는 칼 그림자 목을 누르고
놀빛은 더욱 어두워졌다

옹이가 박힌 건 그날부터겠지만
소년의 유리창으로 떨어지는 진홍빛 슬픔과 함께

시는 노을이 준 선물

네가 지금 운다면 누가 달려와 줄까
내 노래가 먼저
너에게로 가서 안을 수 있기를

어느덧 노을역에 당도해 있고
곧 떨어져버릴 밤의 시간이
서걱거리며 흰 뺨을 스친다

칼 같은 그림자들이 꿈의 입구에 서성거린다

무서울수록 노을은 따듯해지고 있다

저 잉크가 모두 노래가 되면
비로소 펜을 놓으며 웃을 테니까.

건넌방

고향에 내리자 먼지가 바람에 날려왔다
눈을 가린 채 등을 돌려야 했다
쓰러진 어머니
왜 막내가 모시냐 갈 테면 도장 찍고 가라
붉은 도장은 청미천 밤하늘에 찍혀 있었다

건넌방은
아들에게 마련해 준
아버지의 선물
벽에 걸린 중학시절의 시화전 작품처럼
고목古木이 되어 돌아왔구나
먼지를 털며 집어든 이성복
개처럼 울부짖지도 못하고
돌
아
왔
구
나

여울목에 주저앉아 강물처럼 울던
깜깜한 고향
혈육마저 떠난 기와집을 헐어버렸다
건넌방도 함께 사라졌다
새 서재 벽에 걸린
저 고목나무에 꽃은 필까

피어날 수 있을까.

모란을 심는 봄

봄이 왔다는데
폭설이 쏟아지고
눈발이 펄펄 날리는 날에 봄이 왔다는데
꽃 보러 간 수목원
복수초 꽃송이는 노랗게 얼어서
정말 봄은 온 것일까
아직 거리에선 애타는 가슴들이 봄을 부르는데
산림조합 나무시장에서 실어 온 모란을 심는다
손바닥으로 흙을 두드리며
봄은 온다
봄은 온다
얼었던 가슴 개벽을 하는 봄날은 오고야 만다.

유폐

자유로이 들어왔다 서울에서 여주로
문 닫히는 소리 등으로 들었다
십 년 동안 갇힌 줄도 몰랐다

이젠 나가라는 하늘의 소리 들었으나
문고리는 보이지 않았다 자유로 들어왔으니
자유로 나간다는 것은 착각이다
십 년 동안 벽은 어디서 솟은 걸까

바로 그때 그대는 작은 새처럼 와서
어둠을 함께 걸었다
길 끝에서 햇빛과 구름과 노을과 파도를 만났다
세상으로 나가는 문을 본 것 같았다

그대는 손바닥의 비둘기처럼 떠나고
나는 마당 가운데 말뚝처럼 묶이고
다시금 시간의 벽에 이중으로 갇히고 말았다
이미 흘러간 시간이 둘러싼
성벽 아래 주저앉고 말았다

다산茶山은 두물머리 겨울강에 침침한 눈으로
쇠잔한 목구멍의 쿨럭이는 기침 속으로
유폐를 끝내고 돌아왔는데
나의 유폐도 그렇게 뒤늦게 끝나게 될까

마당 가운데 정오의 햇살에도
몸은 오한으로 떨리고
너는 양파 속의 진딧물이야,
밤의 음성을 들었다

아니다 나의 유폐는
세계의 중심에 꽂히는
맹금의 배고픔인지 모른다
어쩌면 나사못처럼 회오리 방향을 만들기 위한
시간이었는지 모른다
나는 바닥을 딛고 천천히 일어서야만 했다.

소파의 사랑

나를 향한 소파의 사랑은 애절한 데가 있다.
함께 진종일 뒹굴뒹굴한 후에야 행복해 보인다

문득 눈을 뜨는 새벽 두 시,
소파는 복화술 텔레비전으로 세이렌의 노래를 부르지만

이미 하루가 발아래 떨어지고 말아
제발 내게서 멀어져라, 고래고래 소리치고 싶지만
떠나지 못하는 애정이 큰 문제였다

깜깜한 창밖 삶의 처마에서
얼마 남지 않은 시간의 가랑잎이 떨어져 내리는
그 벼랑자리에 소파가 검은 입을 벌리고 있다

언젠가 내가 준 흰 티셔츠를 입은 여자가 소파에 누웠지만
그 질투는 깊어서 결국 도망치듯 떠났다
소파의 사랑을 감당할 적임은 나 한 사람뿐
애증의 불행한 결과를 예견하며 몸서리가 난다

소파와의 행복한 이별을 꿈꾸는 순간에도
금세 아득한 소파의 사랑에 몸을 내맡기고 있었다.

텔레비전쇼

텔레비전은 거실의 주인공
그는 스탠딩 개그맨처럼 쇼를 펼친다
이따금 노래도 부르고 때론 기상캐스터가 되어
오늘의 날씨 내일의 일기예보를 전한다

뉴스는 그의 전공, 세계의 진기명기와
전쟁과 갈등이 쇼의 내용이 된다
어떤 개그맨이 인생사를 털어놓으면서
관객이 웃지 않아 그만둘까 고심했다고 말했다

물론 그의 인생사도 쇼의 내용이었지만
텔레비전은
관객에게 거의 영향을 받지 않는다
관객이 웃거나 울어도
문밖으로 외출해도
소파에 잠들어도 쇼를 멈추지 않는다

개그계의 슈퍼스타
그는 아마추어처럼
먼저 감정을 드러내는 바람에 쇼에 김을 빼는 법이 없다
다만 흠결이 있다면 여덟시
텔레비전은 잠시 감정을 드러낸 막장 연속극을 보여준다

어쩌면 그조차
쇼에 깊이 참여하지 못하는 선량한 관객에게 베푸는
전문가적인 배려인지도 모른다

막장 연속극은
많은 사람들에게 영향을 미치는 강력한 도구가 된다
어제 술 한 잔 걸치고 돌아와 소파에 눕자
곧바로 쇼가 시작되었다

지친 하루의 잠든 망막 위로 빛을 던지고
귓구멍 속에 마디마디 음성을 새처럼 떠먹여주면서
꿈과 내용을 묘하게 뒤섞어
비몽사몽의 세계를 전개하였다

비몽사몽
한밤중 깨어나 정수기를 향하면서
머리가 깨어질 듯 아프면서
기억이 날 듯 날 듯
삶과 꿈이 뒤죽박죽이 된 아주 이상한 세계를 열어주었다

과연 텔레비전 쇼로구나, 감탄하며 잠에 들었다
그의 다채로운 생 쇼가 집을 살아있게 만든다
생과 사의 세계마저 뒤섞는 공연에서
살아있는 동안 관객에서 벗어날 길은 희미하게 멀다
차가운 관속에 누워도
문상객이 돌아간 밤중
관의 비좁은 틈으로 흘러오는 쇼에 귀를 쫑긋 세운다

우리 집 중심은
일인가족 대신 거실에 자리 잡은 텔레비전이다.

마량리 동백나무숲에서

바람 센 봄날 서천 마량리 갔네
동백나무숲 꽃을 보러
꽃은 그럭저럭
이른지 늦은지 심드렁한데
동백정에 올라 바다를 보았네
가마솥처럼
봄볕을 펄펄 끓여서 한가득 내어주는 마량포
수군첨사 꿈에 본 용을
오늘 내가 보지 못한들
마음은 동백꽃
온통 찬란할 한해의 징조를 이미 보았네.

친구처럼

시작은 친구처럼

끝은 친구로서

비 내리고 강물이 불어
사람들은 말했지
이 큰 비에 오성*은 오지 못할 것이라고
늦기 전에 어서 염습을 해야 한다고
그러나 부음을 듣고 곧장 달려온 오성은
손수 한음**을 염하고 돌아갔지
말 많은 이들은
부끄러워 붉은 얼굴을 들 수 없었네
한음은 눈을 감으며
지음知音을 보지 못하고 떠남이 못내 아쉬웠지만
사후라도 그가 오리란 것을 미리 알았지
그것이 마음과 마음의 길이니

시작은 그저 친구처럼

끝은 친구로서

이제 하늘을 붉게 물들이는 노을도 점점 어두워 간다네.

* 오성 이항복(1556~1618) 조선의 명신.
** 한음 이덕형(1561~1613) 조선의 명신.

오목눈이

오목눈이 눈알은 까마중 눈알
매 눈이 어떠냐
매 눈은 싫어
매 눈은 개구리에 토끼를 보지만
오목눈이 눈알은 한 뼘 한 뼘 자벌레를 보는 눈
시인의 눈은 소금쟁이에 개미귀신을 보고
안 보이는 사랑과 이별의 징후도 보는
오목눈이
오목눈이
까마중 같은 눈알로
시대의 천둥과 벼락을 다 보면서
구름으로 가고 산으로도 간다네
미미한 시를 쓰러 간다네.

약속

다른 말은 하지 마오

뒤뜰 참나무에 깨끗한 삼베끈으로 목을 달 것

약속을 했지 5년 시로 바로 서지 못하면.

깨끗한 삼베끈

돈 벌어야죠
나는 그냥 쓸래요
돈 있어야 쓰죠
쓰다가 나는 갑니다 꼭대기까지 못가면
우리집 삼백년 참나무 실한가지에
삼베끈 걸 어목을 달겁니다
못쓰면 매어답니다
머지않아요
오년 대통령임기와도 일치합니다
그동안 나는 씁니다
그리고 갑니다
나무꼭대기는 허공을 더듬는 의지
노을처럼 붉은 심장 꺼내들고 밤바람처럼
잉크처럼 펜 긁히는 소리처럼 달려갑니다.

누가

누가 길을 막고 돌아가라 하나

누가 못된 뿔난 놈이라 하나

아버지가 맞았어요
수레 몰고 산을 오를 때 길이 막히고 돌이 무너져
말도 이리저리 날뛰고 헤맬 때
아마도
그게 네 젊은 날일 거라고
열일곱 살 이월 하순 아침
집을 떠나는 마지막 아침 밥상머리에
꿈 얘기를 들려 주셨어요

아버지의 꿈을 믿어요
그렇게 고생하다
결국엔 수레 몰고 산을 다 오르더라
아마 만년에나 운이 피려나 보다
마음 단단히 먹으라
하셨어요

막내는 말씀 허투루 들었어요
마음 단단히 먹기는커녕
안 되는 길만 골라 다녔어요
이젠 알아요
막내가 집 떠나는 아침 아버지 마음

지금도 누가 길을 막나

아직도 누가 돌아가라 손짓하나

누가.

2부

허들

허들

철컥,

우리는 10월에 장전된다

총성이 울리면 가차 없이 튀어나간다

12월 스포트라이트는 번쩍일 것이다

경기장은 만석

내 주로走路 멀리 허들이 놓여 있다
달리고 뛰고 균형 잡아 착지, 달리고 뛰고
균형 잡으며 착지 그러나 저기 걸려 넘어지면
바닥에 얼굴 뭉갤 수도 있다
뉴턴의 사과보다 붉은 불안이 온몸에 퍼진다
호흡은 점점 거칠고
불 먹은 종이처럼 입술은 타고 있다

꿈을 꾸면 좀비들이 울타리를 뚫고 들어와
마을을 휩쓸고 있다 좀비를 피해
두 팔을 쭉 뻗으며 날아오른다
그러나 중력이 아슬아슬 몸을 끌어내린다
좀비의 손끝에서 내 발목까지
11센티 7센티 4센티 2센티……

출발선으로 선수들이 모여든다
잘 깎은 연필심처럼 검게 빛나는 길쭉한 다리들
왼쪽 선수는 열심히 뛰라고 머리를 툭 치고
오른쪽 선수는 비죽이 입꼬리로 모멸을 던진다

12월 폭설이 내리고 경기장은 닫힐 것이다
메달도 없이 허리를 접은 탁자에서
당신은 여전히 나를 사랑할 것인가

중력을 폴폴 벗어나는 나비
더는 저 검게 빛나는 길쭉한 다리들은 보지 않을 것이다
당신의 사랑도 주로 밖으로 비켜야만 해
오직 주로만을 바라볼 거야

몸 안으로 들어온 주로 속으로 몸이 들어가고 있다

마침내 관중의 침 삼키는 소리
두 손을 바닥에 대고 엉덩이를 들면서 10월의 약실에

우리는 탄환이 된다

타앙.

그늘의 분양

주름지고 구겨진 마음은 그늘에 맡겨요
달빛과 목련이 애면글면 도울 겁니다
봄이
서릿발을 다림질하며 예까지 흘러왔듯
목하目下 밤의 다리미는 그늘입니다

생각의 길이를 똑똑 끊어먹는
의자는 결론을 향하는 길을 모르고
방바닥 가득 생각의 폐지만 쌓고 있습니다
거칠게 밀치면 의자는 서운타 하겠지만
현관 앞에 정박한 슬리퍼에 몸을 싣고
목련의 나라로 망명을 떠납니다

인상 쓰지 말아요
주름지겠어요
확 인상을 쓸수록 빠져드는 미로
답이 없다는 이설異說도 있어요

봄밤에는 여기 목련나무 아래 앉도록 하죠
가느다란 바람이 귓불을 달래지 않나요
바람에 쓸려가는 모래 소리가 들리지 않나요
참 먼 소리일 수 있어요
명사산鳴沙山에선 방금,

월아천月牙川에 입술을 댄
낙타의 마음이 기쁨으로 펴지듯

달빛과 목련향이 치익 뿌려지고
목련의 그늘이 지그시 누르고 지나면
어떤가요

올려다보면 나뭇잎 사이로 반짝이는 별들
오전에 다녀간 후투티의 잔상
주름지고 구겨진 마음의 굴곡이
파르르 날개를 털고 있는 나방을 만납니다

목련나무 아래
마음을 다림질하는 그늘을 분양받아
텔레비전을 켜고 잠든 외삼촌의 방을 지나
의자로 돌아와 앉습니다

삶이 그래요
결론 없이도 멀리 떠나고 다시 돌아오죠
마음을 청량케 다림질하는 그늘을 찾아서.

밤과 산책

의문부호처럼 우물 같은 밤의 세계로 발을 밀어 넣는다

달빛 쟁반에 잔물결이 퍼진다
반딧불이 날고 있는 하늘 밖 그림 같다

현대미술관의 추상화처럼
단단한 밤의 입술

저기 앞서가는 나의 개 동동이는 산책의 속성을 안다
갔다가 돌아오는 단순한 시간
미세한 냄새도 놓치지 말 것

문득 정지한 발끝의 벼랑이 나의 눈꺼풀을 내린다

잠들지 못하면서 라떼를 끊지 못하는 애인이
기다리는 이층 계단을 오르며
쟁반 위에 홀로 남을 딸기 스무디를 예감할 수 있다
안경을 빼앗아 쓰고 환하게 웃는,
헤어질 결심이 저 예쁜 웃음을 만드는 것일까

심연의 고요를 탱자울 삼아 사방의 손가락을 막는다

홀로됨의 각성이 바늘처럼 빛나는 순간
둥근 우물을 들여다보면 빛놀이 눈부시던
오래된 정오

그 깊은 우물 속에서 올라오는 하얀 얼굴
시심으로 이어진 열아홉 살 소년, 이제 너는

비로소 문장의 은실이 비어져 나오는
바늘구멍 저쪽을 엿볼 수가 있다

잠시 밤의 입술이 열릴 때.

비파

뜨거운 진흙 바닥에 누워 있다 비파

아마존의 호수
태양의 열기에 끌려간 마지막 물방울
진흙 바닥에는 전설처럼 아득한 물소리가 타오르고 있다

발로 차도 숨을 쉬지 않아
죽었구나 사람들은 생각한다

죽지 않은 비파 물을 기다린다
이글거리는 진흙 바닥 언제 물이 들어올까

서울 아기 빠져 죽자 뒤꼍 샘물을 묻어버린 아버지
멀리 우물 긷는 어머니를 위해 앞마당에 우물을 팠다
옮겨가며 파도 우물은 생겨나지 않았다
서울 아기의 환생인지 나는
물이 귀한 사주를 타고 태어났다

청춘의 우물 바닥 미치도록 기갈이 드는 밤이면
시동을 켜고 대관령을 넘어가
임시방편으로 물소리를 듣곤 했다

물 대신 막걸리로 갈증을 달래고
더운 분홍빛 소나기에 얼굴 젖는 날도 있었다
세상 달콤한 소나기의 입술
잠든 그 이마에 젖은 입맞춤
소나기 지난 뒤 더욱 뾰족한 갈증에 뼈들은 달그락거린다

아마존의 물고기 비파
푸른 호수를 가르며 헤엄치는 날을 꿈꾼다

뜨거운 진흙 바닥에 죽은 듯이 누워서.

삼계탕

취소하기엔 늦었는데
주방에는 삼계탕이 끓고
네게 오지 못하겠단 연락이 오네

벌써 주인은 삼계탕 그릇을 집게로 들고 있는데
세상엔 취소할 수 없는 것들이 얼마나 많은지
쓰디쓴 우리의 시간은 돌릴 수 없고 나의 개가
무릎에서 몰아쉬는 마지막 숨도 돌리지 못했는데

어제 왜 그러셨어요
내 말이 못이 된 줄 모르고
네가 가슴에 못을 빼려 밤을 지새운 줄 모르고

사람들은 알거나 모르면서 서로에게 못을 박으며 사는 걸까
주인은 삼계탕 두 그릇 쟁반에 올려놓고 있는데

정말 예감할 수 없던 것은 아닐지도 모른다
내 감정이 더 중요했을 뿐
객관적이라는 사실은 눈 덮힌 숲처럼 백색이었는지 모른다

우리는 손을 잡고 저 숲을 건너기로 했는데
숙제를 끝내지 못한 불안이 토끼처럼 튀어오르지

그때 숲으로 도망친 닭은 살았을까
형이 목을 비틀자 내 하얀 팔뚝에
붉은 오선지를 그리며 사라져버린 닭

벌써 주인은 쟁반을 들고 이쪽으로 오는데
애원하면 혹여 네가 올까 온다면 저 숲을
다시 건너자고 어떻게 소금과 후추를 치나
정작 뚝배기에서 끓어오르는 건 내 심장인데

주인은 두 그릇 삼계탕을 내려놓으며
일행분이 늦으시네요

빈 의자 위로 눈 쌓인 숲이 보이고
뚝배기 안에서 깊은 숲으로 어서 달아나야지
달아나야지 혼자서 숟가락을 든다.

우듬지

삼백 년 참나무를 올려다본다
나무는 넉넉한 푸름과 한여름 그늘을 자랑하지만
상승과 하강의 힘이 충돌하는
우듬지는 고요하다

대지의 내장에 처소를 둔 뿌리는
하늘까지 닿으려고 팽팽한 한 개의 촉을 세운다
화살처럼
촛불처럼

저 코발트빛 바다
중력의 코뚜레를 하고도 가야만 하는 이데아
맨발의 여인이 하얀 옷자락을 펄럭이며 춤추던 해변
구름은 황홀한 춤에 들고
우듬지의 넋은 저 푸른 시원과의 교감을 꿈꾸며
기쁨으로 떨린다

오를수록
뒤꿈치를 깨무는 중력이 목을 움켜쥐기 일쑤
굴원屈原이 강물에 몸을 던질 때
새댁이 아기 안고 7층을 뛰어내릴 때
사랑이 무릎에 젖은 얼굴을 묻을 때

삼백 번을 좌절했다
또 한 번 좌절이 연륜의 베틀을 감는다
가랑잎 하나 툭, 물관을 놓는다

나는 백지에 우듬지를 조각한다
칼로 만지는 허공의 울음이 살처럼 닿는다
소름이 돋는다
언어로 투명한 계단을 밟고 오르는 자
뼈가 상하고 입술이 틀 것이다

우듬지를 보면
몸이 아프다
몸이 끓는다

저 곳에 가려는가 그대.

하류에서

숲을 빠져나오자 하구였다
그 끝자락은 망망한 바다로 이어지고
타고 온 배는 작고 연약하다
부서지고 뒤집힐 수 있다는 두려움이
가슴을 옥죄어 온다

이제까지는 물결 따라 흘러왔지만
여기부터는 별자리 찾으며
방향을 정해야 한다
표류하다 좌초할 수도 있고
흰 모래 펼쳐진 미지의 해변에 닿을 수도 있다

네루다
마야코프스키
김수영
옥타비오 빠스
실비아 플러스
영혼의 밤하늘에 소용돌이치며 빛을 뿜어대는 별들이 있다
더 아름다운 수많은 별도 어둠 속에서 빛나고 있을 것이다

별들 사이사이
미로들이 있고
미로와 미로 사이 위협적인 파도가 넘실거릴 것이다
무엇을 알아야 하는가
무엇을 알고 있는가
밑줄 긋고 토를 달고 때론 까맣게 벅벅 지우면서
등대를 정렬시켜야 한다
더 많은 실패에도 길을 잃지 않으려면

어쩌면 침몰의 시간에
더 가까워지는 하구도 곧 끝날 것이다.

노을의 효과

익사한 시신처럼

창백한 달이 벌써 오르다니

미처 낮의 얼굴 천으로 덮지 못하였는데

오늘은 부검일, 갈비뼈 속으로 환하게 불빛을 넣어 보자

자책으로 세 번 가슴 두드리기 전

예언을 완성할 것

벗지 못할 기후와 계절의 법칙을 익힐 것

그 내피에 무당의 독백을 새겨 넣을 것

어김없는 밤과 무덤 사이

예정된 이별에 몸서리치면서 사랑하는 사람처럼

무덤가 꽃향기를 아끼지 않는 이는 가까이 말자

노을은 피곤한 나의 얼굴을 덮어다오

바다 위로 솟구치는 용오름

무서운 밤하늘이 불꽃으로 물들 것이니

내 뒤틀린 뼈들이 소용돌이치는 해변에

화약내 진동할 것이니.

해피엔딩

아스팔트 위에서 하늘소 파르르 떨고 있다

가느다란 숨결이
뚝
그치는 순간
하늘의 문은 잠시 열리고 무언가 통과해 간다면

나는 빈집털이처럼 도망하지 않는다

절망으로 포화를 이루고
폐허를 떠도는
인불

노쇠한 세포
주름 속으로 발목이 빠지는
가능성

알람을 켠다

해안이라면 좋겠다

모월 모일, 너를 안아도 좋고 네가 안아도 좋다
개연성과 현재적 관련이 없는
이야기

나는 하늘소가 된다

매순간 건조한 아스팔트 생활의 한계치를 마신다

줄어드는 피톨

아름다운 해안으로 향하는
개연성의 톱니바퀴를 찾아 더듬이를 세운다.

아름다운 못

꿈이었다

너는 대체 그 좋은 머리 어디에다 쓰느냐

저는 못을 박기에 좋은 머리로 못을 박는데 씁니다

오전에 곰곰 생각하니
좋은 머리란 말도 옳지 않고 머리로 못을 박는 것은
몸서리가 나서 옳지가 않다

오늘 카페에서 악보다는 약한 것이 더 하위라는 말을 들었다
강한 것이 옳다

나는 외유내강이라는 말을 보탰다

어떤 벽을 지나왔다는 느낌이 좋았다

운명은 벽의 속성을 지닌 까닭에 틈이 아니곤
지나갈 수 없다

이태 전에 나는 죽다 살았다 말할 때
나는 벽에 못을 박고 있었다

쏟아지는 시멘트가루 맞으며
이 갇힌 느낌으론 하루도 살 수 없다는 느낌으로
바깥을 생각했다

양면의 마음을 나눈
벽 하나

뫼비우스의 이면으로 건너기 위해 틈이 하나 필요했다

녹슬고 굽은 못인 내가 못의 몸으로 못을 박고 있었다

낙타 한 마리가 뫼비우스의 이면으로 건넌 것 같다

못은 처음부터 아름다웠다.

캣맘

엿장수가 지나갔다
찌그러진 냄비로
엿가락 절반을 잘라 와도 배고픈 골목

그동안 누구의 입속에서 녹던 시간일까

새로 호루라기 불어준 모르는 이가 있어서
누군가의 입안에서 구사일생 도망쳤으니
이번만큼은 죽을 듯이

경기장엔 행운이 흐르기 시작한다
궁사가 쏘는 화살의 방향으로 부는 바람
삶의 눈금을 조정하면 기분이 좋아진다

골목 가득한 가위 소리
잘못 산 십년을 잘라내도
엉망인 꼬리를 자를 수 있어서
더는 누군가의 입속에서 녹지 않아서 좋다

온전한 밤의 기쁨이 불빛처럼 내려앉는다

밤은 검은 찰흙이거나 하얀 밀가루
무거운 생을
자르고 잇고 덧대고 구멍을 뚫으며
빛의 새벽행 티켓을 모으고 있다

길 잃은 야생이 좋다

꿈의 어미는 담장 위에 새끼를 기른다

곧 멋진 나의 일족이 골목을 활보할 것이다.

동굴의 기억

동굴에 엎드려 있다
언제 올지 모르는 저기 뉴런의 호출

오지 않는 동안 밖은 점점 침침해지고
부르는 소리는 이명耳鳴이 되어 떠다닌다

어둠 속에서 무릎과 목은 뻣뻣이 굳어
가늘고
뭉툭해진다

비명처럼 소리치며 뛰어다니던 지난날은
영영 오지 않는 걸까

이젠 일기를 쓰지 않고
보고서를 쓰지 않고
노래를 배우지 않고 숫자와 놀지도 않는다
가물가물한 신호의 추억에 깊숙이 잠기어 간다

어느 날부터 구호품 '포스파티딜세린'이 오기 시작한다
이것을 받아먹고 버티라는 걸까
어쩌면 포기할 수도 있다는 암시일까

하루만큼 지친 그리움
번갯불 아래
뜨거운 추억

동굴 속에서 천천히 퇴화해 간다

나의 이름이 지워지고 있다.

면벽

오지 않는 소식이 있다

너는 주먹의 힘을 믿니

보도블럭 무늬를 밟는 마음으로
주먹을 쥐고 건너뛰어야 한다는 걸

뜻밖의 기습에 당혹할 때
성문 열고 거문고를 연주해야지
도망쳐야 소용없는
진창길

대나무처럼 가다 가다가 만나는 마디
경계를 넘어야 할 때
동굴로 들어와 가부좌를 하고 벽을 본다

어두운 벽
일렁이는 빛
가끔 앵앵거리는 날벌레

오지 않는 소식이 있다
입술이 마르고 목은 타지만
아무도 모르게 잎사귀를 흔드는 바람의 눈빛으로

검은 벽면이 밝아올 때까지

더 고요하게.

경야

아무것도 보이지 않는다
불 켜진 안에서 창밖을 보면

극장에 들어가 더듬거리는 사람처럼
한 발 내딛는 것이 어렵다

헤매도 좋은 미로가 남았다고 믿었던 날들
어떻게 너에게 닿을까, 읊조리던 날들은 가고
몸서리치는 밤
위험하게 살지 않으면 결국엔 무력한 침대를 만날 뿐

사막에서 길을 잃으면
어둠 속 멀리 불빛과 행렬의 노랫소리
소리치며 그들을 따라가면
밤새 제 자리를 맴돌고 있었다고 했다
뜨거운 모래언덕
짐승의 뼈와 함께 묻히는 여행자들

경야經夜,
발자국을 기다리는 설원의 하얀 빛

몽골 노인의 팔에서 매가 날아오르듯
저 깊은 백지의 하얀 빛 속으로 사념의 새 날아간다
맹금보다 날카로운 부리와 발톱으로
피냄새를 몰고 돌아오는
새

거기 길이 있다고

돌아와 내 가슴팍에 부리를 씻으며 우는 새

저 깜깜한 어둠을 바라보며 나는 묵연히 기다리고 있다.

먼

궁궐을 향해 달리는 병사들

나의 거사는 어둠에서 일어나 부패의 담장을 넘는다

모든 혈족들을 경멸한다

담장 안으로 순결한 눈이 내리고
내 손바닥에 떨어지는 꽃들
움켜쥐면 손가락 사이로 빠져나가는 꿈의 눈물

나의 새로운 혈족들아

30년 단명할 왕조여도
가장 순결한 말로 세상의
역참과 봉수와 상점과 사원을 달리며
먼나먼 문명을 꿈꾼다

이내 불타고 무너질 운명이라도 좋다 가자.

3부

아직 시작도 못한 목소리

아직 시작도 못한 목소리

나뭇잎들이 우수수 떠나간다
나무에게서 멀리
내 목소리 심장에서 떠나고 싶다
목소리의 원은 비좁고 누추해서
명왕성처럼 낯선 곳으로 떠나고 싶다

아침저녁 인사하는 목소리들을 떠나
피카소 클림트의 그림을 지나
더 먼 곳
현실은 소재
자르고 뭉치고 구멍 뚫고 돌돌 말아서
세상에 없는 목소리를 낳고 싶다
낯설고 이상한 행성에 닿고 싶다.

백지의 세계

오랫동안 압제에 시달렸다
감정의 자유
행복할 권리를 누리지 못한 채
굴복할수록 초췌한 몰골이
거울 속에 나타나곤 했다

내가 삶을 책임질 테니 따라주면 좋겠어
아니
그동안 거역한 적은 없지만
더 이상은 안 돼
이것도 나의 말

자신에 대한 자신의 압제
사랑도 예술도 하얀 문조文鳥도
사치라며 맘껏 좋아할 수 없고
필독서 목록까지 검열을 받았는데
책임진다는 행복은 어디에 있을까
오지 않는 섬을 마냥 기다려야만 할까

이제 숨죽여 온 내가 삶을 이끌 거야
누구도 믿지 말고 강인한 의지로
싸워야 한다며 쥐어준 돌멩이를 던져버리고
멀리 희디 흰 백지의 세계로 떠날 거야
감정과 기분에 더 민감하고
매일매일 마음 정원은 꽃과 나비와 향기로 물결치고
외로운 밤 달콤한 밀어密語를 들을 거야

백지 위로 펼쳐지는
온갖 우연들의 좌충우돌이 즐겁고
미소를 지으며 잠들고 설렘으로 깨어나는 아침
나는 하루하루 갓 난 망아지처럼 기쁘다.

승부사

어둑한 삶의 골목
내 고양이는
조심스럽고
굶주린 눈

빈 골목으로
번쩍 켜지는 가로등이 발등에 빛을 뿌린다

공들여 쌓은 계단은
실패의 기록
구겨진 이력은 던지고
이제 화끈하게 한 판
망한 싸움에도
작은 희망은 있다

9회 말 투아웃
배트를 들고 타석으로 걸어가는 타자의 걸음으로

12월이 오면
손으로 목을 스윽 만져보겠지

언어의 빨랫줄에 대롱대롱 모가지를 매단
승부사.

습작

열정이 깃들지 않은 습작은
습관인 거야
결과가 나오면 알지
다른 여동생의 냄새를 기막히게 알아채는
애인처럼

어제를 넘어서는 오늘
매일 팔굽혀펴기를 하나씩 더하는 것은 힘들고
가능하지 않을 지 모른다
그래도
불가능을 꿈꾸지 않는 사람은 꿈꾸지 않는 사람이다
내일 더 좋은 문장을 쓰고 싶다

어서 비린 장마가 지나갔으면 좋겠다.

봉숭아 물들이기

만 평이 넘는 공지空地를 바라본다

아직 트랙터 한 대 들지 않은 곳으로
오늘 저녁 놀빛이 내려앉을 것이다

손톱 위로 내리는 선홍빛

비어 있는 손톱을 바라보자니
열등감을 일으키던 손톱들이 떠오른다
나는 왜 아름다운 손가락의 주인이 되지 못하는 걸까
어떤 위계를 느끼며
배고픈 고양이처럼 웅크리는 마음

어설픈 조경기술을 생각하면
한 발 떼기도 어렵지만
여기까지 걸어온 수 백 날이
강산의 풍경 끝 들머리에 나를 세웠다
맨손으로 돌아가기엔 많이 쓸쓸할 것이다

누나 없는 장독대 아래 봉숭아꽃을 볼 때면
결코 머물지 못할 세상이라
그럴 바엔 멀리 가자고
서서히 흐린 빛깔로 사라지는 봉숭아꽃

나는 많은 빛깔을 기억한다
조개껍데기 터키석 두더지 장수잠자리
쉬파리 날개 유리꽃 너의 목덜미
나는 많은 빛깔들의 기억이 있다
조금씩 옮겨서 하나에서 열까지 이르면
애틋한 마음 잠자리처럼 날아오를까

손톱을 칭칭 묶은 밤이면
잠든 머리맡으로 달의 손톱이 떨어질 것이다

가장 멀리 달아나는 빛깔과의 불륜을 꿈꾸는 손톱

내 마음은 나룻배처럼 또 울렁이기 시작한다.

밑줄

밑줄을 긋는다

활자들은 문장을 이루고 전진한다
길에 늘어선 나는 깃발을 흔든다

밑줄은 용감한 문장에게 주는 격려
쑥구렁에 **빠지지** 않고
뒹구는 돌에 발목 다치지 않도록
힘겹게 전진하는 의지에 보내는 공감

문장에 젖은 눈물이 **뺨**을 타고 떨어진다
정말 미안, 내가 길을 망치는 건 아닌지
백지에 얼룩이 남겠구나

식자공처럼 너희를 사랑해
바닷길에 침몰하거나
골목길에 쓰러지지 않으면 얼마나 좋을까

그래서 밑줄을 긋는 거야
너희를 오래 간직하려고
다치거나 사라지는 너희를 잊지 않으려고

형광펜을 든다
밑줄이 모자라면 분홍 리본을 달아주마
너의 뜻을 가슴에 새기며
지평선을 넘어가는 문장을 헉헉 숨차도록 따라 간다.

뒤꿈치

열심히 살았다

함께 좋은 꿈을 꾸던 사람들
미래를 약속하던 사람들
떠났다

몰랐다
앞을 보고 달렸는데
그들은 왜 떠나야 했는지
왜 어두운 강가에 홀로 남아야 했는지

뒤꿈치를 보면서 알았다
뒤꿈치는 갈라지고 덕지덕지 때가 묻었다
힘껏 달렸지만
반대 방향으로 달려온 것이다

그들의 뒤꿈치는 아름답다
유리알처럼 보르랍고 매끈하게 빛난다
입술을 대면
향기가 번질 것이다

사우나에 앉아 뒤꿈치를 긁는다
잘못 된 방향으로 살아온 노고가 안개처럼 풀린다

다친 발굽으로도
터벅터벅 앞으로 걷는 검은 말처럼
뒤꿈치는 늘 먼저 딛고 먼저 떼야 한다

뒤꿈치가 쓰리다.

완패

천변 벤치 논쟁이 벌어진다
코앞의 왜가리가 모형인지 진짜인지
눈알도 굴리지 않는 왜가리

목을 돌릴 때 건전지가 들었나봐, 나는 굽히지 않는다
날개를 쫙 폈을 때 진짜 같다고 기술을 칭찬한다
왜가리가 힘차게 날갯짓하며 날아가자
친구들은 깔깔거린다

왜가리를 원망하지 않는다
어떤 새보다 높이 날 수 있는
아직 패배하지 않은 생이
개천에 엎드려 있다

친구들아 맘껏 조롱하렴
왜가리 날아간 하늘보다 높이
청마의 백로 지훈의 봉황 김수영의 노고지리
혹은 네루다의 알바트로스

날아오른다
더 빛나는 별들의 창공으로.

문득

이별에 멱살 잡힌 사람처럼 감상感傷에 빠져들다가

문득,

상관은 없으나 방향만큼은 북쪽 먼 국경으로

잔혹하게 싸워 이기는

무인武人의 마음

두만강 물을 마시는 말*은 없어도
칼날 번득이는 노래를 부르리

모가지를 아끼는 노래는 부르지 않으리.

*남이(1441~1468) 북정가에서.
 白頭山石磨刀盡, 頭滿江水飲馬無
 (백두산석마도진, 두만강수음마무)
 男兒二十未平國, 後世誰稱大丈夫
 (남아이십미평국, 후세수칭대장부)

아주 이상한 한해도 있다

아주 이상한 삶을 살아내야만 하는 한해도 있다
하늘에서 음성이 들리고
일생의 믿음이 가벼이 바뀌고
예측하지 못한 인연이 불쑥 찾아오고
십 년 흘린 몇 방울보다 백배의 눈물이
한 없이 쏟아지던

감기 외엔 약 한 번 먹은 적 없는 몸이
어처구니없게 병나고 아팠다
불안장애 수면장애 인지장애 공황장애 우울증이
한꺼번에 달려와 두들기고
붕 뜬 것만 같아 집도 발걸음도 구름도
거리감을 잃고 물과 기름처럼 섞이지 않는
이상한 감각에 사로잡혀 견디기 어려웠다
생각했다
이건 내가 아니야
평행우주에서 날아와 지구에 살던 나와 바뀐 거야

견딜 수 없는 우울은 뭘까
갑자기 하늘에서 거대한 구둣발이 내려와
땅 속으로 짓밟아 넣는 듯
혼자만의 힘으로는 빠져나올 수 없는 기분
누군가의 구원의 손을 기다려야만 하는
아주 이상한 한 해가 있다

끔찍한 우울을 피하는 유일한 방법은 대화 뿐
기분이 가라앉는다 느껴질 때면 전화를 돌려
긴 통화를 하면 피할 수 있다
정말 일상으로 돌아가기엔 얼마나 더 기다려야 할까

나는 어떤 이상한 삶을 살았던 것일까
그 한해는 무슨 의미였을까
이제껏 나는 자신을 사랑하며 살았을까
열등감이라는 말을 들었을 때
자신을 사랑하는 방법도 모르고 살았음을 알았다
있는 그대로 자신을 받아들이자
비로소 검은 구름이 흩어지고 맑은 해가 떠오른 것만 같았다
이후로는 일분일초도 행복하지 않은 순간은 없다
미소를 지으며 잠들고 가슴 설레며 깨어나는 아침
무덤에서 일어난 사람처럼 기분 좋은 일상
그리고 내게 주어진 운명을 살뿐
다른 삶을 원하지 않는다
현재의 내 모습이 최선이고 언제나 오늘이 최고다 야호
아주 이상했던 한해는 사실 하늘이 준 큰 선물이었다.

시인의 기쁨

스무 개 문장을 완성한다

열여덟 문장은 실패하고

하나는 어정쩡하고

단 하나의 문장이 성공이다

그 문장 하나로 하루를 기쁘게 산다

실패의 이력이 시인이다

실패가 무서우면 시인이 못 된다.

예술가

소멸의 시간은 강물처럼 흐르고
나는 구름처럼 강물 위로 흐른다

춤추는 구름
더블 트리플 쿼드 우아하게

때론 수치스런 거품을 일으키고
비탄의 여울도 넘는다

폭포처럼 쏟아질 운명이면
검은 외투에서 벼락을 꺼내 수면에 던지리

맹수처럼
우아하고 사납게

더블 트리플 쿼드 나만의 기술로
바다을 헤엄치는 금빛 물고기를 낚는 환희를 꿈꾼다.

거울

수건을 치우자 드러난 얼굴
이럴 수가, 머리 위로 더듬이가 돋아나고
두 팔은 셀 수 없는 다리가 되어 흔들리고
가까이 다가서자
벌레 입가엔 치약이 묻어있다

원하는 것이 무엇이냐 못된 벌레야
아니지, 더듬이는 방향을 잘 찾고
다리는 더 빨리 달리겠구나
문장의 냄새를 찾아
재빨리 달려가 차지할 수 있구나
어둡고 축축한 돌 틈이라도 달려보아라

벌레의 낯에 향을 뿌리고 톡톡 두드려준다.

살결

나는 네 곁에 머문다
기꺼이 노예처럼 사랑을 하고
목숨을 걸고 헌신한다 죽을 것처럼
죽어도 좋은 것처럼
나는
너의 곁에
너의 살결에 머문다
젖은 돌고래처럼 부드러운 빛에 쌓인 너의 살결은
참호의 병사처럼 그곳에 나를 붙잡는다
매끄럽고 환하고 보드랍고 마음을 잡아끄는 그곳
눈물마저 또르륵 구슬처럼 사라지는 그곳
헌신하려 해도
나의 살결만을 요구하면서
밖에서 건물 안을 바라보는 시선으로
맑은 유리창을 햇빛처럼 만져보라고 허락하면서
나의 거주를 위해 너의 살결을 내어준다
그 하얀 살결 위에서
나는 물 밖의 고기처럼 숨쉬기 어려워 뻐끔거리고
헐떡거린다
나는
떠났다가 돌아오고
돌아와서는 다시 떠나고 싶지만 영원히 머물고 싶다
사랑하기에
죽어도 좋은 것처럼 사랑하기에
내 목숨이 중요하지 않은 것처럼 사랑하기에

나는 통곡한다
나의 울부짖는 소리 대기를 뚫고 울려 퍼지고
태양을 바라보며 절망하는 마음
통곡하는 마음
너의 심장을 상상하면서 허락받지 못할 한계 속에서
대기를 뚫고 퍼지는 통곡도 닿지 못할
너의 심장으로 나는 언제나 그림자만을 보낸다
벽 위로 움켜쥐는 헛된 그림자를

내 사랑의 거주지 네 살결은
내 눈을 당기며 오늘도 아름답다

네 살결의 경계를 지나 달려가는 야생의 백마를
나는 모른다
네 살결의 안쪽을 모르고
네 심장의 리듬을 모른다
붉은 입술은 성문처럼 닫혀 있다
허락하는 음성은 영원히 들려오지 않을 것이다
네 살결의 노예는 독 묻은 사과를 씹으며
떠나고 싶지만 영원히 머물고 싶다

머물고 싶지만 영원히 떠나고 싶다.

4부

네가 간다는 것은

네가 간다는 것은

내게서 네가 간다는 것은
열차에 울음을 숨기고 간다는 것은
네 이마에 볼을 댈 수 없고
네 눈썹에 입 맞출 수 없고
새근거리는 숨소리 더는 들을 수 없고
영원히 내 심장의 나비는
춤을 출 수가 없다는 것

그 호숫가 카페에서
네 입술의 거품을 닦아 줄 수 없어서
손을 내밀어도 거기 네 얼굴은 없고
텅 빈 바람의 솔기만 차가울 텐데
내게서 네가 간다는 것은
기쁜 밤은 멀리 사라지고
눈물만이 새벽을 적시는 것

다시는
다시는
네가
오지 않는다는 것.

*yutube. 월드예술tv. '이상하 작시' 노래로 실려 있음.

부엉이는 왜 우나요

모두가 잠든 밤 부엉이가 우네요
부엉이는 부엉이는 왜 우나요
모르겠니, 널 위해 운다는 걸
희망이 어둠으로 사라지고
아침이 오지 않길 바랄 때
부엉이는 울고 있었지

떠나간 사랑의 아픈 눈물을 흘리며
세상아 사라져라 절망할 때
부엉이만은 아니지
밤하늘 가득한 별과 영롱한 아침 이슬도
너를 다독이며 위로하고 있는데
바보라서 모를 뿐이지

그 말 믿어도 좋은가요
정말 날 위해 우는 건가요
눈물을 그치고 부엉이 울음을 들어봐
네 숨소리도 듣고 있는 세계를 느껴봐
바보라도 알 수가 있지
바보라도 알 수가 있네.

*yutube. 월드예술tv. '이상하 작시' 노래로 실려 있음.

줄 타는 소년

소년은 줄 위에 있다
흔들리는 줄 위를 걷고 앉고 뛰어오른다
줄을 다 건넜을 때 박수가 터지고
소년은 다시 뒤돌아선다

아주 가벼운 몸일 때 시작된 남사당의 줄타기
무른 살이 시퍼렇게 멍들고
떨어지고
구르고
매 맞고 주저앉아 울면서
허공으로 높아가는 줄 위의 자리가
땅보다도 아랫목처럼 편하고
줄의 높이만큼 당당한 시선이 자라난다

욱신거리는 몸 주무르며 잠드는 창문 아래
늙은 거미가 내려오고
구경꾼 틈에서 소녀가 뒤돌아보는 얇은 꿈으로
끝이 안 보이는 흔들리는 불안이
미량의 수은처럼 깃들어온다

비천한 욕지거리 흐르는 시장바닥에도 줄이 놓여있다
소년의 줄에서 소녀는 저만큼 떨어져 있고
바라보지만 다가갈 수 없는
비단옷 은은한 향내

막걸리 한 사발 들이켜고
줄 위로 도망친다
망망한 허공
빛나는 은실로 아무도 안 보이는 집을 짓는다.

첫사랑

미치도록 여자를 사랑하고 이별하면서
나를 바로 사랑한 적이 있었나
낙향 십 년의
귀양살이

너 자신을 얼마나 사랑하는지 증명해
자를 필요 없는 손가락
벽을 마주한 느낌이지만
쏟아지는 욕실의 온수처럼 기분이 좋아진다
처음이잖아
첫사랑

용서해
상처를 핥는 짐승이
제 안을 향해 짖는 마음이
때론 행복할 수 있는 이유를 알 것만 같다
몰랐을 뿐
들꽃처럼 자기를 사랑하기에 부족한 시간은 없었다.

촉각

해변을 걸을 때 모래가 뜨거웠는데
발바닥보다 뜨거운 혀로
일사병의 오후 세시를 마구 핥아먹는 느낌
촉각은
피부로 달려오는 깜짝 놀랄 소식
오래 남는 기억이기도 해서
세계가 잠시 열어준 틈으로
내 몸의 기억이 세계를 이해한다

사랑의 세계도 촉각으로 남아 격렬하게 이해받고 싶다.

은빛상자

은빛상자가 있었어
눈물의 보석상자가
일 년 동안 많은 눈물을 흘려야 했는데
십 년 동안에는 벌레 때문에 짜낸
몇 방울 눈물 외엔 그 귀함은 전혀 몰랐지

나는 제대로 듣지 못했지
여자도 듣지 못했을 거야
나뭇잎 사이 두 개의 목소리
어쩌지, 끝내야지, 아니 이제 겨우 시작인데
알게 뭐야 우린 시키는 대로 하는 거지, 한 번만 눈감아 주면
미쳤어 네가 저 악랄한 영감탱이 호통을 감당하든가

천사일까
하늘의 새일까
정확히 듣지는 못했지만
예감과 일치하는 것이었지
운명은 예감부터 느끼게 되는 거야

눈물은 사라졌고
사랑의 실타래도 사라졌지
은빛 상자모양이
닫힌 문을 여는 열쇠가 될 수도 있어
그 은빛 상자가 아니면
지금까지 아무런 시작도 못했을 거야.

지나간 구름은 왜 내게 머물러 비가 되는지

매일 아프다
하루도 빼지 않고
영원히 너를 보지는 않겠지만
보고 싶은 마음 사라질 리도 없다

다른 구름이 오면
하늘은 다른 하늘이 된다
몽글몽글
고운 놀빛도 오리라

내 마음은 내일도 아프다
기쁘고 행복한 마음
슬쩍 베고 가는
사금파리

새녘 바람 꽃지는 마당가에
보고 싶은 마음
보고 싶지 않은 마음
기차 선로처럼 그렇게 한생 살아가는 것이다.

하수구

흐린 날 더 악취를 흘리는 하수구
죽은 개처럼 어두운 곳에 버려진 사랑
나는 고개를 돌리지 못하고
킁킁, 냄새를 맡는다

살아있는 개가
죽은 개 주위를 맴돌며 떠나지 못한다.

어떤 연민

하늘에서 검은 물체가 내려왔다
거대한 섬광 굉음 폭풍
마음은 조각조각 부서졌다
네가 떠나던 날 마음의 풍경이 그랬다

수백 날이 지나도
마음의 조각을 보내지 못하겠다
잘린 손가락을 들고 병원으로 달리듯
나는 어디로 달려야 하는가
병원마저 먼지로 사라진 풍경 속에서

다친 상처를 핥는 개를 본 적 있다
그 눈빛은 연민에 젖어있지 않았는데
어쩌자고 나는
나는.

운무 속에서

비 그치고 우당탕탕 물소리 요란할 때
나는 계곡 안에 있었다
사방이 가로막힌 산 위로 빼꼼한 하늘은
먹구름을 다 지우지 못했는데
이번엔 산자락 자욱한 운무

무언가 마음이 시원한 듯해도
열리지 않는 시야
어지러운 빗소리에 갇힌 심사는
난무하는 실타래 그대로

경제는 되는 일이 없고
사랑은 훌훌 제 길로 떠나고
독서는 하이데거 라캉을 헤매고
아직 다하지 않은 젊음은 밤마다
이마를 쿵쿵 벽을 찧어대다가 떠나자고

강원도 깊은 산골
흐르는 물은 어디로 흐르나
바쁜 물살은 언제 평온해지나
그래도 물은 물의 길로
흙탕으로 흘러도 제 길로 가는구나

한 치도 안 보이는 시야로
운무는 무럭무럭 피어오르지만
또한 새소리 물소리 세상은 이치대로 가는 것
다시 서울로 올라가야지
답은 없어도

깜깜한 시절
돌이켜보면 용하다는 생각
그 시절로 돌아가면 더 잘 살아낼까
지금 여기가 늘 최고라 말해도 알아들을까
자신을 사랑하는 법을 배울까
이 길이 너의 운명이라면 받아들일까

글쎄
젊음은 생각의 실타래가 복잡하여
계곡의 운무마저 치사하고
새소리 물소리도 원망스러워
배배 꼬인 칡넝쿨에 새끼줄 심사라서.

겨울나무2

홀로 작은 새가 날아와 앉았다

나무는 품에 날아든
가여운 새를 잘 품어서 돌려보낸다고 생각한다

푸른 녹음에 나란히 앉아
함께 목청껏 노래하고
공중에서 터지는 폭죽을 구경하고
어깨를 팔베개 삼아 불면의 밤을 이기고
잠든 이마에 빗방울이 튀자 깜짝 놀라 팔딱거린다

작은 새 떠나고
즐거운 잎사귀 하나 둘 떨어질 때
마른 꼭지 검게 마르는 동안
나무의 안쪽으로 흘러가는 하얀 수지樹脂,
이슬 같은 그것은
울음의 성분이었다

있었지만
없는
여름의 즐거움

드디어 눈송이 날리고
나무는 겨울나무를 향한다

작은 새 앉았던 자리에 내린 눈은
영원히 사라지지 않을 날카로운
한 조각으로 얼음으로 반짝인다.

정오

커피잔을 들고
부스스 머리를 털며 정원으로 나간다

그네에 앉아 입으로 커피를 마시고
눈으로 오후를 바라본다

아버지의 어린 소가
쟁기를 지고 가래울 밭을 바라보는 것처럼

저녁이 올 때까지 저 밭을 다 갈아야
집으로 돌아가 여물을 먹고 쉬겠구나

아버지도 어린 소도 없는 오후
쟁기를 짊어진 소처럼 일어선다

홀로 남은 그네만
휘파람을 불면서 꽃들과 어울려 논다.

착각

우리들의 이해는 어떤 모양이었습니까

둥글던가요
검던가요
새콤하던가요

팔월 저녁의 과일처럼 너무나 빠른 숙성 없는 노화
곧 우리의 이빨이 흔들리고 벌어지는 만큼
당신과의 관계도 소리 없이

박동이 잦아드는 심장의 집으로 우리는 다가가는 중입니다

아름다운 당신과
사악한 나
어떤 조합으로든 저 어둠의 숲을 뚫기는 어렵겠죠

여름의 무성한 나무와 저녁 그늘 곁에서
깊어가는 당신의 주름을 보며 슬프다 말해주고 싶어요

사랑이라는 난해한 착각이
책갈피 사이 단풍잎처럼
색이 바래갈수록 소유하기 좋은 기억들

그 모든 기억이 향하는 깜깜한 지하
육즙을 빨아먹는 벌레들로 숙성하기에 적당합니다

이해가 착각의 역은 아니지만
착각이 이해의 역은 또 아니지만
우리들이 아니어도
인간의 해변에서 뇌 속의 튀는 번갯불로 하늘을 비출 때

내게도 당신에게도
이해를 먼저 구하지 않아요
무엇을 무엇으로 착각을 하든
알록달록 아름답고 어여쁜 게 최선입니다

파사칼리아
어떤 오해의 틈으로 도마뱀처럼 기어드는 음악을 들어요
깨우지 말아요
깨우지 말아요.

불쑥

조용한 회사를 지키는 일요일의 사무실

시를 읽고
순찰을 돌고
도시락을 먹고
시를 읽을 때

근원적으로
존재론적으로
홀로인 일요일에

불청객
다정한 눈을 가졌던 너는
불쑥
생각의 문을 밀치며 들어서네
아닌 밤중의 귀신처럼

불쑥
들이닥칠 것이면
문장의 박씨라도 물고 오는 제비라면 기쁜 일인데
다정했던 너는 어떻게
잡념이 되어버린 것일까.

뭘 좋아해

뭘 좋아해
영화를 좋아해
어떤 장르
좀비영화 슬래셔 무비 범죄스릴러
이상하군

뭘 좋아해
격투기를 좋아해
어떤 선수
앤디 훅 피터 아츠 에밀리아넨코 표도르
요즘은 샤브캇 라흐모노프
왜
카자흐스탄의 고려인이란 소문이 틀렸지만 뭐
18전 18승 18피니시 우와
이상하군

이상해 뭐가
시인이 피가 난무하는 좀비에 슬래셔 무비
잔혹한 범죄스릴러에 팔이 부러지고 실신하는 격투기라니
일차원적이잖아
그래서 좋은 시를 못 쓰나

요즘 뭘 좋아해
딱히 뭔지 몰라도 잠을 좋아해
혼자 잠든다는 건 정말 어렵지
게을러진 건 아니고
자고 나면 머리가 가뿐해

그렇지 머리가 잘 도는 게 중요하지
제 정신을 장담할 수 없으니까 아마도
우리 가문 백 년 역사에
치매의 원조 될 가능성이 높다고 봐

난 위험해.

방파제 끝에서

주문진 가면 그 방파제 끝자락에 서 보라
걸어서는 더 가지 못할 그 곳에서
멈출 수 없는 운명은
눈을 감아라

도깨비를 부르려는 게 아니다
은탁의 사랑을 말하려는 것도 아니다
단 한 발 뗄 수 없는 무서움이
잠시 파도소리에 부딪혀
방파제 끝에 더는 움직일 수 없다 한들
감은 눈 저 멀리

용광로보다 더 뜨거운
꿈과 상상력으로 만들어진 가공의 세계
자기 운명을 사랑하는 자에게는
오히려 서울의 여느 고층 건물 혹은
저 먼 아메리카보다
더욱 확고한 현실
지평선 너머 너만의 유토피아.

말벌의 승리

말벌과 사마귀가 사투를 벌이고 있다

사마귀가 말벌의 몸통을 잡은 채 허리를 물고
말벌은 머리를 돌려 사마귀 목을 물고 있다
순수한 속도에 맡겨진 운명을 본다

마침내 사마귀 머리가 툭 떨어진다
말벌은
자기 몸을 움켜 쥔 억센 사마귀 다리를 뿌리치고
몇 가닥 하얀 힘줄에 대롱대롱 몸통을 매달고 날아간다

말벌이 이겼는데 이긴 자는 누굴까
나는 싸움을 말리거나 응원하지 않았다

내가 사투를 벌일 때 신도 역시 그럴 것을 알고 있다.

허리케인

밥 딜런이 노래한다
허리케인 카터를 석방하라
허리케인 카터는
1966년 살인누명을 쓰고 감옥에 갇힌 흑인 권투선수

그를 가둔
인종차별에 형사들의 사건조작
백인으로만 구성된 열두 명의 배심원들
편견에 사로잡힌 엉터리 사법제도

카터는 증오를 키우며 삶을 포기했던가
글은 주먹보다
마법과 같은 힘이 있다
그는 〈16라운드〉를 썼고
그 책 한 권이 캐나다 흑인소년 레즈라에게 흘러갔다

만일 그가 포기한 삶을 살았더라면
〈16라운드〉도 흑인소년 레즈라도 레즈라의 양부모도
1985년 연방 지방법원의 무죄판결도 없고
밥 딜런의 허리케인도 없다

서울을 떠나온 나는
고립 속에 스스로를 가두었다
저녁이면 막걸리를 마시며
그렇게 늙어 사라질 운명이라 생각했다

어디선가 허리케인의 씨앗이 날아와
다시 일어나 사각의 링에 올랐다
아직 내겐 밥 딜런의 허리케인은 없지만
몸속으로 흐르는 생생한 리듬을 느낀다.

도리 없음

멍청한 저들과 함께
동시대를 살아야 하는 피할 수 없는,
저들의 눈에는
멍청한 나와 동시대를 살아야 하는
그들도 역시 도리 없는.

독서가

발칵, 세상을 뒤집습니다

마지막 책장을 읽고 부록마저 다 읽은 사람
나는 내용이 마음에 들지 않습니다
마치 한 페이지도 읽지 않은 사람처럼
책을 뒤집어 첫 장으로 돌아갑니다

세상은 깜짝 놀랍니다
우리는 모두 이 책을 읽었죠
내용이 완벽하게 마음에 드는 사람이 얼마나 되겠습니까
우리는 모두 공통적으로 이 책을 읽은 사람들입니다

독서가는 던집니다
글쎄 책의 내용이 너무 붉고 위험하지 않습니까
믿을 수 없는 내용들이 가득하지 않습니까
이제부터 책을 처음부터 새로 쓰겠습니다
당신들은 이 책을 다 태워버리고
새 책을 읽어야 합니다

사십년 째 읽다보니
이젠 낡은 옷처럼 익숙한 책 냄새를 포기합니까
그럴 수는 없지요
결코 그렇게는 되지 않을 겁니다
우리는 공통적으로 책을 다 읽은 사람들입니다

독서가는 책을 집어 던지며 얼굴이 붉어집니다
주먹을 불끈 쥡니다 그 주먹이 책장 위를 지나갑니다
다른 독서가들은 몸을 떱니다
이 책도 수명을 다하는 걸까
사실 재미있는 내용은 아니지만
모두 다음 시리즈를 기다리는 중인데

아 이젠 앞 권에서나 본 적 있는
탱크와 검은 총구가 기다리는 광장
이왕이면 내가 1번이야
젊은 독서가들은 아직 읽어야 미래가 많이 남았으니
그들은 아직 많은 미스터리와 사연들로
서술되어야 하므로

젊은 독서가들을 도서관에 숨기고
나는 광장으로 걸어가야만 하는구나
아침을 기다립니다
광장에는 무엇이 기다릴까요.

계엄령의 밤

독서가들은 각자 읽은 책의 내용에 깊이 빠져듭니다
누구는 주먹을 쥐면서
누구는 최후를 결심하면서

아직 쓰지 못한 책은 어떤 표정으로
계엄령을 읽게 될까요.

어두운 밤 달빛이 빛나듯

어두운 밤 달빛이 빛나듯

죄와 벌

인연因緣의 법칙이

드러난다네

밤 그늘로 숨으려 해도 하늘의 그물은 성글지 않네

천망天網을 만만하게 보는 사람은 깨달아도 늦겠네

창살 안 어두운 밤에.

이상하 시집

불타는 노을 속으로 달려가는 심장

초판 인쇄   2025년 10월 12일
초판 발행   2025년 10월 15일

지 은 이   이상하
펴 낸 이   박가을
편 집 주 간   윤금아
디 자 인   이재은
펴 낸 곳   🄬))뜨락에

편 집 출 판   🄬))뜨락에
등 록 번 호   제2015-000075호
등 록 일 자   2015년 9월 3일
주   소   경기도 안산시 상록구 학사1길 4-1
전 화 번 호   031. 486-0004
전 자 우 편   kwang6112@naver.com

ISBN 979-11-88839-34-6
정가 15,000원